# Un Jardín para Ana

## La Historia de Luis Bienteveo

Diana Ruby Venable Carranza

# Un Jardín para Ana

Primera edición: 2021

El Parlamento de las Aves, Casa Editora

Corrección de estilo: José Gerardo Martínez González

Supervisión editorial: José Ramón Guerrero Padilla

Diseño editorial e ilustraciones: Julia Jayme Salas

ISBN  978-0-578-93098-5

Monterrey, Nuevo León México.

**Agradezco a
Juan Armando Solís Moya
por su asesoría y a todos
los que han hecho
posible la publicación
de mi primer cuento.**

Ruby Venable

EL PARLAMENTO
DE LAS AVES
CASA EDITORA

Publicado y editado con el apoyo de El Parlamento de las Aves, Casa Editora. Estimulando la creatividad, defendiendo la diversidad en el ámbito de ideas y el conocimiento, promoviendo la libre expresión para favorecer la cultura viva.

# Un Jardín para Ana

## La Historia de Luis Bienteveo

Luis Benteveo era un pajarito como cualquier otro, medía entre 21 a 26 centímetros de largo. Tenía la cabeza grande, sus alas largas y patitas cortas. Su pico era tan largo como la cabeza y terminaba en forma de gancho. Su lomito y su colita eran de color pardo verdoso.

Su cabeza era negra con dos franjas blancas a modo de cejas y garganta blanca, lo cual le daba el aspecto de tener un antifaz y una boina negra en su cabeza. El pecho de Luis y su abdomén eran de color amarillo vivo y tenía un copete del mismo color.

Un día, Luis Benteveo se paró a descansar en el poste que estaba frente una ventana, era la casa de Ana, una niña de ocho años, con muchos sueños y deseos.

Ella siempre se asomaba en las tardes por la ventana y veía todo lo que sucedía a su alrededor. Había una tristeza que inundaba el corazón de Ana, ya que ella estaba pasando por algo muy difícil, estaba muy enferma y no podía salir a jugar ni ir a la escuela como todos los demás infantes de su edad.

Esa tarde, el pajarito Luis estaba descansando en el poste, cuando vio a una niña sentada dentro de su casa mirando por la ventana hacia afuera con una mirada triste. Su casa se veía desarreglada, casi abandonada; enfrente de su ventana había un pequeño terreno seco y feo, así que el pajarito decidió hacer un experimento.

Todos los días a la misma hora, Ana seacercaba a la orilla de ventana. A la siguiente mañana, nuestro pajarito fue al pedazo de tierra y empezó a quitar las plantas secas y la basura, como bolsas de plástico, vasos desechables y popotes que encontró ahí tirados.

Al día siguiente empezó a picar la tierra con mucho cuidado y así lo hizo por varios días. Después de que la niña cerraba la cortina, Bienteveo comenzaba su labor. Pero tanta era la diferencia que la infante notó algo curioso, así que planeó espiar por la cortina.

Y de pronto vio al hermoso pajarito amarillo verdoso traer lombrices y escarabajos, pero no se los comía, los ponía en la tierra para que lo ayudaran a descompactarla. Ana volvió a espiarlo a la siguiente alba y el pajarito, aun sin darse cuenta, continuó arando la tierra con su pico y garras. La pequeña niña se empezó a reír porque parecía una gallina y en eso, Luis se asustó y echó a volar.

A la siguiente tarde, el pajarito Luis no volvió y Ana pensó que era su culpa por reírse, pero la verdad es que Luis Bienteveo, había ido a una misión ¡importantísima!

¡A buscar la semilla de la flor más hermosa! Voló por el arroyo, voló por el parque, voló por el bosque y al llegar a la cima de la montaña, donde empieza la primera cascada, se encontró con un bello y colorido paisaje de flores y fue, audaz, a encontrarse la más linda flor.

Aterrizó después de su largo viaje y buscó entre la hojarasca cuales semillas tomar, pero el esplendor de una flor no lo dejaba ver, así que se detuvo a observarla, ver los finos detalles de sus pétalos de color lila con blanco, celeste y rosa, de un aroma que te hacía suspirar y cada vez había más viento allá arriba en la montaña; las copas de los árboles se movían y permitían pasar un rayo de luz que acariciaba la bella flor haciéndola brillar. Luis la comparó con Ana, cada vez que la veía acercarse a su ventana, mientras él cantaba perchado en los cables del poste.

Bienteveo estaba feliz y emocionado por haber encontrado la flor ideal para sembrar en el jardín de Ana, así que siguió buscando y encontró una flor marchita que tenía ya semillas listas; tomó esa pequeña ramita en su pico y comenzó a volar de regreso a la casa de Ana.

Llegó Luis Bienteveo de su largo y emocionante viaje y se topó con una sorpresa. Como Ana pensó que nunca volvería a ver a aquel pajarillo de pecho amarillo, le pidió a sus padres le concedieran tener una fuente de agua para ponerla afuera y darle de beber a los pajarillos y demás criaturas viajeras.

Esa fue la sorpresa de Luis cuando regresó y lo primero que hizo fue beber de la fuente, regalo de aquella familia; se peinó sus plumas de las alas, se mojó su rostro de antifaz y su copete en forma de boina negra.

Después de eso comenzó a hacer un pequeño pozo en la tierra; más tarde, delicadamente, colocó la semilla en el pequeño orificio que hizo con sus patitas y su pico, para después taparlo con sus alas y dio unos cuantos brincos sobre la semilla cubierta de tierra y ¡Listo! Regresó a la fuente de agua con una hoja verde en forma de cuchara y colectó del vital líquido en ella para ir a depositarla sobre las semillas recién sembradas.

Después de haber sembrado todas las semillas que Luis había recolectado, él y Ana se quedaban observando el jardín esperando la germinación. Así estuvieron por dos semanas, hasta que un amanecer... ¡Se asomó la primera plántula! La niña fue corriendo por su libreta y colores, con toda la emoción del mundo dibujó aquel hermoso regalo de vida. Al terminar de dibujar, se prometió a sí misma y al pajarillo que todos los días haría un dibujo, para ver cómo iría creciendo el jardín.

A la semana siguiente, Ana no se asomó por la ventana; pasaron los días y nada. Luis comenzó a preocuparse y dando varias vueltas cerca de la casa, se asomó en el patio, se fijó en la ventana y miró sobre el balcón y no veía a Ana ni a su familia, sólo a su perro, acostado y triste, en la sombra. Más tarde, ese mismo día, Luis vio al papá caminando triste y a su mamá demasiado cabizbaja, llegando a casa, pero se veían muy aliquebrados.

Bienteveo supo que algo no andaba bien y decidió pasar la noche en el poste, a la espera de ver cuando Ana regresara a su casa, se metió el sol, salió la luna y se asomaron las estrellas y Luis intentaba no dormir y se fortalecía para quedar despabilado y no caer del poste. Se envalentonaba para seguir haciendo guardia, pero se quedó dormido...

**!!!!Woof, woof woof!!!!**

El perro ladró de contento y Luis despertó asustado, la
mascota de Ana estaba dando brincos y más brincos.
Pues ella había regresado a casa y sin embargo, Luis la
vio muy débil y triste, algo pálida y delgada; el corazón
de nuestra ave se sintió apesadumbrado, porque no
quería que su amiga estuviera enferma. Luis Bienteveo
deseaba que Ana siguiera brillando, así como la
hermosa flor de la montaña.

Decidido a hacer algo para alegrarla, pensó –¡Si pongo más semillas, crecerán más flores y ella sonreirá tanto que se sanará!

Luis echó a volar velozmente a varios jardines, colectando semillas en un costalito de tela que cargaba en sus patitas, cuando ya tuvo muchas semillas en su costalito, con el cual batallaba al volar, se dirigió de regreso a casa de Ana y tan pronto aterrizó comenzó a picar la tierra.

Tan dedicado lo veían sus amigos que lo empezaron a ayudar: pajaritos grandes, pajaritos chicos, ¡hasta pajaritos que iban migrando!

Como todos se organizaron, en muy poco tiempo ya habían colocado todas las semillas y cada una en un pocito, tapaditas con tierra y regado con agua. Varios días pasaron y, mientras Ana se recuperaba, las semillas germinaban en el jardín. Ella comenzaba a cobrar fuerza y color.

Los padres de Ana la ayudaron a acercarse a la ventana a tomar el sol, con mucho esfuerzo, y vio que habían crecido muchas plantitas y flores de todos los colores y su sonrisa era muy grande, ella estaba asombrada y feliz, tanto que se olvidó que le dolía todo su cuerpo.

¡Así es! Era tanta la felicidad de Ana que no sentía ningún dolor. Ella se iba recuperando poco a poco. Luis y sus amigos todos los días iban a visitarla en el jardín, cantándole dulces melodías.

Un par de meses después, en una nublada madrugada, cuando el rocío cae en las plantas y las aves aún no despiertan en el jardín.

Luis se dio cuenta que algo estaba sucediendo, algo muy especial: la semilla de la flor más hermosa ya había dado hojas; creció y creció, para después de una larga espera, la flor de esa fascinante planta brotó y poco a poco se fue abriendo, dejando ver sus bellos colores y, conforme amanecía, la hermosa flor se preparaba para sorprender a todos.

Esa misma mañana, Ana, al salir de su casa, muy emocionada y feliz, saltando y dando vueltas con sus brazos extendidos como si bailara con el viento, llamaba a sus amigos pajaritos y gritaba al cielo:

–¡Gracias, gracias, ya estoy sana! –¡Ya podré ir a la escuela, jugar y ayudar a cuidar el jardín!

Cuando Ana se detuvo a saludar a Luis, ambos vieron un destello de reojo, voltearon hacia el jardín y vieron a la flor más bella, los rayos del sol la acariciaban, mostrando sus hermosos colores y su aroma era tan delicioso que había muchos insectos fabulosos volando y merodeando en el jardín. Ana regresó a su casa, tomó con una mano a su mamá y con la otra a su papá y los llevó hacia el jardín para enseñarles la bella flor.

–La llamaré Esperanza, el Jardín de Esperanza, de amor y de unidad, porque si se tiene paciencia y esperanza, brotan los milagros y la felicidad en el momento indicado.

Muchos años después, la pequeña Ana había crecido y estudió para ayudar a sanar a otros; se dedicó a hacer jardines para cultivar una vida feliz y sana; hizo jardines en hospitales, en escuelas, hasta en la casa de los infantes que eran sus pacientes. Ana estaba muy agradecida con Luis y los pajaritos por hacer un jardín el cual le trajo mucha felicidad y paz, cuando más lo necesitaba.

Ella quiso eso mismo para que los demás sintieran esa fuerza al ver las plantas y flores crecer, así como insectos, aves, reptiles y pequeños mamíferos también, viviendo en armonía y manteniendo un hermoso ambiente para que todos lo disfrutasen, siendo sanos y felices.

Pertenece a:

_____

## Diana Ruby Venable Carranza

Nacío un 10 de Septiembre de 1993 en Guadalajara, Jal.

Es fundadora de **Biolobo**, escritora, educadora ambiental y emprendedora. Graduada como Biologa por la **UANL** (Universidad Autonoma de Nuevo León) de la Facultad de Ciencias Biologicas. Actualmemte se desempeña como directora de **BioloboMx** y **BioloboUSA**.

## Biolobo en Acción

Promovemos la conservación de especies en riesgo y la importancia de nuestras áreas naturales.

### Unidos por la Conservación

Fomentamos el equilibrio socio-ambiental sembrando acciones, impactando vidas y guiando a las comunidades y sus nuevas generaciones a una vida digna.

Nuestra pasión es motivar a los infantes, adolescentes y jóvenes a cumplir sus sueños, desarrollar sus talentos e innovar.

Restauramos la empatía y respeto hacia la naturaleza promoviendo la innovación de un estilo de vida digno y justo, de la mano de la economía, la sociedad y del ambiente, por lo que apoyamos los Objetivos de Desarrollo Sostenible Agenda 2030, los objetivos ODS que podras identificar en este texto son: 3,4,5,6,11,12,13 y 15.

## Siguenos en:

BioloboMx    biolobo_mx    biolobomx    BioloboMxUSA

www.ingramcontent.com/pod-product-compliance
Lightning Source LLC
Chambersburg PA
CBHW041224270326
41933CB00001B/40